Der Bücherbär

Bunter LeseBallon

Sarah Bosse

Paul und Sina jagen den Pferdedieb

Mit farbigen Bildern
von Anne Ebert

EDITION BÜCHERBÄR

In neuer Rechtschreibung

1. Auflage 2004

Einband und Illustrationen: Anne Ebert

Gesamtherstellung: Westermann Druck Zwickau GmbH
ISBN 3-401-08511-5

Inhalt

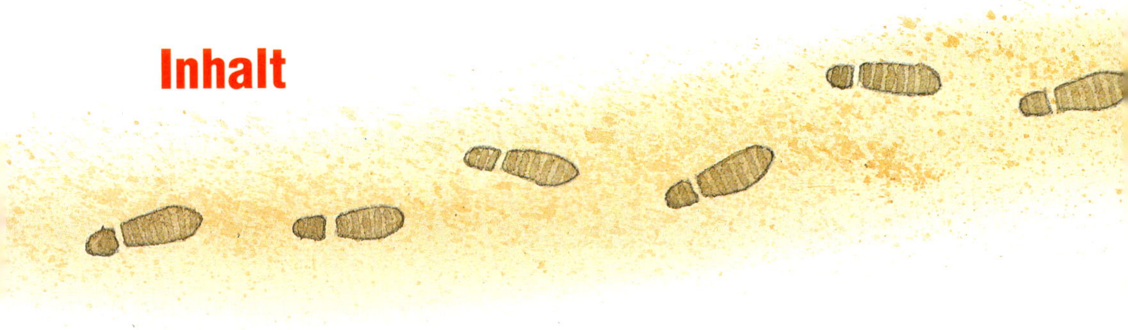

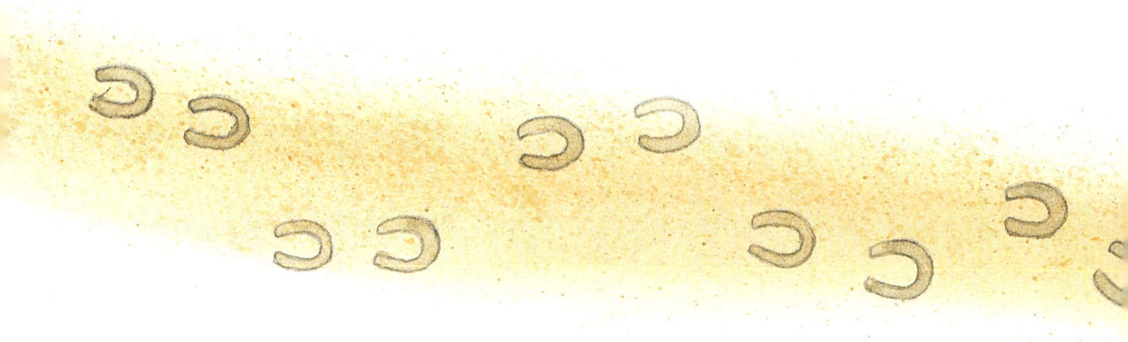

Ein Gackerhuhn verpasst den Einsatz

Es ist angenehm kühl in der Reithalle. Trotzdem schwitzen die Kinder der Voltigiergruppe tüchtig und ihre Gesichter sind rosig rot. Anita, die Reitlehrerin, ruft ihnen Kommandos zu.
Paul, Sina und die anderen Mädchen kennen sich nun schon seit einem Jahr. Inzwischen macht es Paul auch nichts mehr aus, dass er der einzige Junge in der Gruppe ist. Sogar mit Sanne, die sich am Anfang wie eine Oberzicke aufgeführt hat, versteht er sich jetzt prima. Und mit Sina, seiner besten Freundin, sowieso.
»Hopp, hopp, hopp!«, hallt Anitas Stimme durch die Halle. Nacheinander laufen Nadine und Sina durch den Zirkel und schwingen sich auf Fritzis

Rücken. Die mausgraue Stute geht wie immer geduldig durch die Bahn.
Grundsitz, Fahne, Mühle, Flanke, Schere, Stehen, die Grundübungen können die Kinder wie im Schlaf.
»Ja, das ist schon sehr schön«, lobt Anita die Mädchen. Aber dann kommt das, was immer kommt. Anita hat nämlich immer noch etwas zu verbessern. Dafür ist sie ja schließlich da.

»Strecken hab ich gesagt! Du siehst eher aus wie eine krumme Wurst«, ruft sie Nadine zu. »So kannst du das Gleichgewicht nie halten.«
»Sina, so, wie du die Fahne machst, muss ich annehmen, dass du in einem mittelschweren Orkan steckst«, ruft Anita.
»Warum so eierig? Ostern ist doch längst vorbei!«, ruft Danni, als Sina beim Absprung stolpert und wie ein Hase zur Seite weghoppelt.
Sina streckt Danni die Zunge raus und sagt lachend: »Ich bin ja schon froh, dass ich keinen Knoten in den Beinen habe.«
Paul klopft Sina tröstend auf die Schulter: »So was passiert mir mit meinen krummen Gurkenbeinen andauernd.«
Sina macht »Pfft!« und schaut kichernd an Paul hinab.
Paul hat wirklich ziemlich kurze Beine. Trotzdem ist er sehr geschickt. Und mit seinen Turbo-Turnschläppchen mit den Neonsternen und dem Totenkopf klappt das Voltigieren dreimal gut.

»Gurkenbeine mit eingebauten Sprungfedern«, sagt Sina. »So leicht wie du immer auf Fritzis Rücken hüpfst! In deinem früheren Leben warst du bestimmt ein Floh.«

»Eher ein Flummi«, sagt Yvonne und bohrt ihre spitzen Finger in Pauls Arm. »Das fühlt sich schon wie Gummi an.«

Dafür kriegt sie von Paul den Ellenbogen in die Rippen.

Yvonne schubst ihn lachend zurück.

Plötzlich tönt eine scharfe Stimme durch das alberne Gegluckse der Kinder. »Danni, du hast deinen Einsatz verpasst! Ein bisschen mehr Konzentration, wenn ich bitten darf!«

Wenn man so fürchterlich kichern muss, ist es schwer, wieder ernst zu werden! Wenn sie die

anderen auch nur anguckt, muss Danni wieder losgackern wie ein kleines Huhn.
Anita wirft ihr einen strengen Blick zu. »Kichere dich erst mal aus, Danni, sonst fällst du noch vom Pferd! Also, Sanne, dann du zuerst.«
Sanne macht wie immer alles richtig. Bei der Bank kriegt sie eine tolle Streckung hin. Hocke und Stand sind gar kein Problem. Und als sie wieder leicht wie eine Feder auf dem weichen Boden landet, hat sich Danni endlich ausgekichert.
»So, Schluss für heute!«, ruft Anita und klatscht in die Hände.
»Aber . . .«, sagt Danni, »komm ich jetzt nicht noch mal dran?«
»P. P. nennt man das«, sagt Paul.
»Persönliches Pech.«

Danni ist sauer auf sich selbst. Bloß wegen dem albernen Gekicher.
Yvonne schiebt Danni Richtung Halle. »Dafür darfst du heute Fritzi in die Box bringen.«
Dass Danni Fritzi in die Box bringen darf bedeutet eigentlich nur, dass sie die Stute an der eingewickelten Longe führen darf. Denn sie bringen Fritzi meist alle zusammen in die Box. Wie ein Bienenschwarm laufen die Kinder neben ihr her.
Dabei kommen sie an den neuen Untermietern vorbei. Im Frühjahr hat der Reitstall zwei Pensionspferde aufgenommen.
Pferde haben oft blöde Namen, findet Paul. Aber diese beiden haben extrablöde Namen. Sie heißen Dorfschwalbe und Summer City.
»Das liegt an den Stammbäumen«, hat Jörn, der andere Reitlehrer, erklärt.
Aber Paul pfeift auf diese komischen Stammbäume und nennt die beiden einfach Elvis und Presley.
Die Pferde schnauben zur Begrüßung und

recken neugierig ihre Hälse durch die obere Türklappe. Paul streichelt sanft mit den Fingerkuppen über ihre weichen Mäuler.

Paul und Sina helfen noch Fritzi den Voltigiergurt abzuschnallen und das Zaumzeug abzunehmen und bringen beides in die Sattelkammer. Danni und Yvonne bleiben noch da, um Fritzi zu putzen.
Eine Affenhitze schlägt Paul und Sina entgegen, als sie auf den Hof kommen. Paul hält sich die Hand wie einen Schirm an die Stirn und blinzelt.

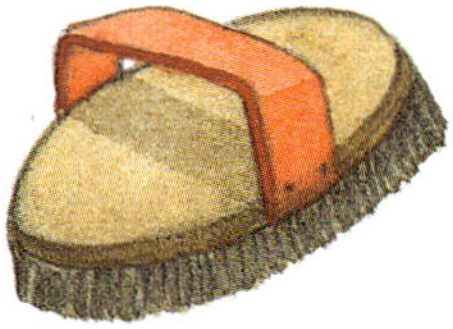

Es dauert eine Weile, bis sich die Augen an das grelle Licht gewöhnt haben.

Die Fahrräder lehnen am Zaun. Die Kinder hören im Gras die Mäuse rascheln. Ganz in der Nähe keckert ein Fasan.
»Puh!«, stöhnt Sina. »Auf meinem Fahrradsattel kannst du Spiegeleier braten!«
Paul puhlt mit spitzen Fingern eine Zwei-Euro-Münze aus seiner Hosentasche und sagt: »Ich lad dich zum Eis ein.«
Sina läuft das Wasser im Mund zusammen. Ein Eis bei der Hitze, das ist genau das Richtige.

Paul verschwindet im Eingang zur Reithalle, wo eine kleine Kühltruhe mit Eis steht. Pling!, die Münze landet in der kleinen Kasse. Paul fischt zwei Erdbeerhörnchen aus der Truhe, weil Sina die am liebsten schleckt.
»Uff! Du bist mein Retter«, sagt Sina. Und als sie das klebrige Papier vom Eis abgefummelt haben, radeln sie los.
Gerade führt Jörn Elvis auf den Hof. »Na, na, einhändig Fahrrad fahren«, mahnt er lachend. »Wenn das der Dorfsheriff sieht.«
»Wer voltigieren kann, kann auch einhändig Rad fahren«, erklärt Paul. »Ist doch klar wie Kinderpipi.«
Damit hat Paul eigentlich Recht. Aber wer auf dem Land unterwegs ist, muss auch mit anderen Gefahren rechnen. Hasen, Kaninchen und Rehe können ganz schönen Schlamassel anrichten. Diesmal ist es der Fasan, der so nervtötend gekeckert hat. Wie ein Torpedo kommt er plötzlich auf die Einfahrt geschossen, direkt vor Sinas Rad.

»Uah!«, brüllt Sina. Und weil sie den bunten Vogel nicht platt fahren will, reißt sie den Lenker herum. Das Eis landet mit einem leisen Platsch auf dem Schotterweg und Sina saust hinterher. Laut kreischend, flattert der Fasan davon.
Wie ein Cowboy springt Paul von seinem Rad und pfeffert es in den Graben.

»Sina!«, brüllt er und ist in Lichtgeschwindigkeit bei seiner Freundin. »Hast du dir wehgetan?« Paul will Sina den Arm um die Schulter legen, aber Sina schiebt ihn weg. »Bloß nicht anfassen«, schluchzt sie. »Mein Arm brennt wie Feuer!«
Jetzt sieht Paul, dass an Sinas Arm nicht nur Eismatsche klebt, sondern auch Blut. In ihrem Gesicht ziehen die Tränen Bahnen durch den Staub. Paul hätte ihr gern gesagt, dass das die perfekte Kriegsbemalung ist. Aber dann sagt er lieber: »Ich renn sofort ins Büro und hol Hilfe.« Doch da ist Jörn schon bei ihnen. Er hockt sich vor Sina und betrachtet skeptisch ihren Arm. Dann nimmt er sein Handy aus der Tasche und wählt die 112.
Paul sagt sachlich: »Eins steht fest: Der Fasan hat Fahrerflucht begangen.«

Ein Gipsarm mit Schwein

»Was du gehabt hast, das nennt man Glück im Unglück«, sagt Doktor Abbenhaus und blickt Sina über den Rand seiner Brille hinweg an. »Ein glatter Bruch, der wächst schnell wieder zusammen.«
Sina mag Doktor Abbenhaus. Sie kennt ihn schon, seit sie klein war.
»Nur mit dem Voltigieren, das ist erst mal

vorbei«, erklärt Doktor Abbenhaus und legt Sina die Hand auf die Schulter. »Ich befürchte, der einzige Sport, den du in den nächsten Wochen betreiben darfst, ist Schach.«
Sina muss grinsen, obwohl ihr der Arm immer noch wehtut. Sie mag Doktor Abbenhaus immer noch. Er kann ja nichts dafür, dass sie jetzt nicht mehr voltigieren darf. Das war ihre eigene Doofheit. »Zum Glück ist es wenigstens der linke Arm«, sagt Sina und seufzt.
Mama, die schon vor dem Krankenwagen im Krankenhaus angekommen war, weil Jörn sie sofort angerufen hatte, spendiert Sina zum Trost ein großes Eis.
»Ich glaub, mich küsst eine Otternase!«, ruft Mama. Als sie nämlich zu Hause in die Einfahrt einbiegen, steht da kein anderer als Paul und rudert mit den Armen wie eine Windmühle.
»Sina!«, ruft er aufgeregt. »Ich hab dein Rad schon repariert. Der Lenker war verbogen und das Kabel von der Lampe war abgerissen. Alles wieder tipptopp!«

Jetzt kann Sina auch schon wieder lachen. Die blöden Armbrechschmerzen hat sie fast vergessen. »Danke, Paul, das ist echt lieb von dir. Aber aufs Fahrrad steig ich besser erst, wenn ich wieder beide Arme benutzen kann.«
Paul tippt vorsichtig an Sinas Gipsarm. »Damit kannst du wohl nicht voltigieren, was?«
Sina schüttelt den Kopf. »Komm«, sagt sie und zieht Paul zum Haus. »Du musst als Erster auf dem Gips unterschreiben.«

Nein, voltigieren darf Sina nicht, aber das hält sie noch lange nicht davon ab, zur Voltigierstunde zu gehen. Die anderen staunen nicht schlecht, als Sina mit ihrem Gipsarm in der Halle auftaucht.
»Ich hab so lange gequengelt, bis meine Mama mich hergefahren hat«, erklärt Sina lachend.
»Hier, ich habe Filzstifte mitgebracht. Ihr müsst alle auf meinem Gipsarm unterschreiben!«
»Tut's noch weh?«, fragt Yvonne. Sie malt neben ihren Namen für Sina noch ein Pferd, das allerdings eher aussieht wie ein braunes Schwein.

»Nö«, sagt Sina. »Ist nur so warm unter dem Gips. Das kribbelt vielleicht.«
Im Nu ist Sinas Gipsarm kunterbunt. Auch Anita und Jörn unterschreiben.
»Schade, dass Fritzi nicht schreiben kann«, sagt Sanne und malt für Fritzi einen Hufabdruck. Paul verschönert den Gips noch mit einem Totenkopf.
Während der Stunde hockt Sina auf der kleinen Tribüne. Es ist ein komisches Gefühl, den anderen beim Voltigieren zuzuschauen. Dass ihr Arm so kribbelt, liegt bestimmt nicht nur an dem lästigen Gips. Sie würde doch so gern mitmachen! Auf einmal bin ich nur ein Zuschauer, denkt Sina. Die anderen müssen sich konzentrieren und haben keine Augen und Ohren für sie. Sina ist traurig. Vielleicht wäre sie doch besser zu Hause geblieben? Sie denkt an die lange, öde Gipsarm-Zeit, die noch vor ihr liegt, und spürt einen Kloß im Hals.
Plötzlich wird sie aus ihren Gedanken gerissen. »He, Sina, möchtest du Fritzi in die Box bringen?«, ruft Anita und winkt.

Das lässt sich Sina natürlich nicht zweimal sagen. Wie ein Wirbelwind saust sie in die Halle und greift nach der Longe, die Anita schon für sie zusammengelegt hat. Laut plappernd, folgen ihr die anderen. Und weil Sina mit dem superblöden Arm schlecht striegeln, bürsten und Hufe auskratzen kann, erledigen das Paul und Nadine.
»Ich bring schon mal die Longe weg«, sagt Sina und verschwindet pfeifend in der Sattelkammer. Sie holt mit dem Arm aus und will die Longe wie

ein Lasso über den Haken werfen. Aber Sina muss einsehen, dass sie keine gute Cowboyfrau ist. Das Longenlasso platscht zwar vor die Wand, aber es verfehlt den Haken und kringelt sich dann wie ein Haufen Spagetti auf den Steinboden.

»Mist!«, flucht Sina leise und geht in die Hocke, um die Longe halbwegs ordentlich aufzunehmen.

Plötzlich bleibt ihr Blick an etwas sehr

Merkwürdigem haften! Das sieht doch aus wie . . . Das gibt es ja gar nicht!

Sina springt auf und flitzt zu Fritzis Box. »Paul, Nadine!«, zischt sie außer Atem. »Ihr müsst sofort kommen!«

»Was ist los? Ist was mit deinem Arm?«, fragt Paul besorgt.

»Nee, nix, alles okay«, antwortet Sina. »Nun kommt schon. Ich hab was entdeckt.«

Paul und Nadine lassen Bürste und Striegel in

den Putzeimer fallen und huschen hinter Sina her. »Was ist denn?«, fragt Nadine. »Ein knutschendes Liebespärchen?«
»Hey, der Letzte macht die Boxentür zu!«, ruft Paul Nadine zu. »Oops!« Nadine kriegt einen Kopf wie eine Tomate und rennt zurück, um die Tür ordentlich zu schließen. So was darf eigentlich nicht passieren.
Im Vorbeirennen hämmert Sina an die Tür zur Mädchenumkleide und in null Komma nichts tummeln sich alle sechs in der Sattelkammer.
»Was haltet ihr davon?« Sina zeigt auf die Tür, die nach draußen führt, und macht ein wichtiges Gesicht.
»Unglaublich!« Paul stellt sich dicht vor die Tür und geht ein bisschen in die Hocke.
Sanne zuckt die Schultern und sagt: »Also, ich sehe nur ein paar fette Kratzer an der Tür.«
»Mensch, denk doch mal nach«, sagt Sina und zupft Sanne am Ohrläppchen. »Da haben bestimmt welche versucht einzubrechen!«
»Meinst du wirklich?«, fragt Danni und hockt

sich neben Paul, um die Kratzer genauer zu betrachten. »Hm, könnte sein.« Paul fährt mit dem Zeigefinger die Kratzer nach und sagt: »Also, für mich ist die Sache klar wie . . .«

». . . wie Kinderpipi!«, rufen alle im Chor. Pauls Lieblingsspruch kennen sie.

Paul grinst. »Ich glaube, das sind Spuren von einem Stemmeisen oder so.«

»Du meinst, damit haben die versucht die Tür aufzubrechen?«, fragt Nadine.

Paul nickt. »Aber wir wissen nicht, ob das ein Täter war oder mehrere.«

»Aber was haben die bloß gewollt?«, fragt Sanne.

»Mensch, Sanne«, sagt Sina.

Da hebt Sanne schnell die Hand, damit Sina ihr nicht wieder am Ohrläppchen zupfen kann. »Du meinst, die wollten Sättel klauen?«

»Oder Pferde«, sagt Paul.

»Oh Mann, Pferdediebe!«, ruft Danni und drängelt schon zur Tür. »Das müssen wir sofort Anita sagen!«

Doch Paul hält sie zurück. »Da hab ich eine bessere Idee.«
Plötzlich hören sie Anitas Stimme durch den Gang brüllen: »Verflucht! Wer hat den Putzeimer in Fritzis Box gelassen?«
Paul wird rot und hält sich den Finger vor die Lippen. »Das mit dem Eimer nehm ich auf meine Kappe. Aber kein Wort hiervon zu Anita. Verstanden?«
Die anderen sind verdutzt. Aber sie flüstern: »Verstanden.«

Pauls Plan

Während Paul sich von Anita eine Strafpredigt anhören muss, verschwinden die Mädchen im Umkleideraum.

Fritzi hat den Plastikeimer ordentlich mit den Zähnen bearbeitet, sodass er nun einen Wellenrand hat.

»Zum Glück hat sie wenigstens die Bürste und den teuren Striegel verschont«, sagt Anita und stemmt sich die Hände in die Seiten. »Ich hab euch das doch nun oft genug gepredigt, dass ihr die Sachen ordentlich wegräumen sollt. So eine Schlamperei!«

Paul schaut auf seine Fußspitzen, damit er Anita nicht ins Gesicht sehen muss. »Tut mir echt Leid. Ich war auch nur ganz kurz aus der Box gegangen. Ich . . . Ich musste nur mal Pipi. Ganz

dringend. Ich wär sonst geplatzt. Großes Indianerehrenwort!«
»Schon gut, Häuptling Paul«, sagt Anita und lacht. »Aber für das nächste Mal weißt du Bescheid.«

»Häuptling Paul wissen: Schlamperei im Pferdestall sein nix gut. Hugh!« Dann duckt sich Paul und zischt unter Anitas Arm hindurch den Gang hinunter. Indianer haben verdammt gute Ohren und so entgeht Paul das Getuschel hinter der Tür zum Umkleideraum nicht.
»Was der Paul schon wieder ausheckt!«, faucht Sanne. »Immer sollen wir nach seiner Pfeife tanzen.«
»Ja«, pflichtet Danni bei. »Wir hätten das melden müssen. Das sag ich euch.«
Pah, denkt Paul. Die sollen erst mal meinen Plan hören. Hinterher sind sie stolz, dass sie dabei mitgemacht haben.
Natürlich ist es Sina, die versucht zu vermitteln: »Wartet doch mal ab, was der Paul für eine Idee hat.«

Das ist für Paul das Stichwort. Er öffnet die Tür, ohne anzuklopfen, und ruft: »Hi, Mädels! Die Sache mit dem Eimer hab ich geregelt.«
»Du könntest wenigstens anklopfen, du Held!«, zischt Yvonne.
Aber Paul tut so, als hätte er das gar nicht gehört. »Wollt ihr jetzt meinen Plan hören?«
Sanne seufzt. »Na gut, schieß los.«
Paul winkt die anderen zu sich heran. Wie Verschwörer stehen sie eng im Kreis und Paul erklärt mit leiser Stimme: »Ich fass mal zusammen: Da haben welche versucht die Tür aufzubrechen, um was zu klauen.«
Die Mädchen nicken.
»Aber so, wie es aussieht, haben sie es nicht geschafft«, sagt Paul. »Was schließen wir daraus?«
»Dass sie nichts geklaut haben«, antwortet Sanne.
Die anderen verdrehen die Augen und stöhnen. Diesmal zupft Danni ihr am Ohrläppchen.
»Natürlich nicht, du Schlaumeier.«

»Aber die werden wieder kommen«, zischt Sina.
»Meintest du das?«
»Genau!« Paul nickt heftig. »Wenn die nicht gekriegt haben, was sie wollten, werden sie es bestimmt noch mal versuchen. Und wer wird sie dann hier überraschen?«
»Die Polizei!«, ruft Yvonne.
»Quatsch mit Soße!«, sagt Paul. »Wir natürlich!«
»Wir?«, rufen alle erstaunt durcheinander. Dass sie leise reden wollten, haben sie plötzlich alle vergessen. Sanne zeigt Paul einen Vogel. »Ich hab doch schon immer gewusst, dass du einen Knoten im Gehirn hast.«
»Wie soll das denn gehen?«, fragt Danni.
»Sollen wir etwa auf Räuberjagd gehen?«
»Viel zu gefährlich«, sagt Yvonne.
»Hm«, macht Sina und kratzt sich an der Schläfe. »Also, ich finde, das klingt spannend.«
Paul verschränkt die Arme vor der Brust. »Was ist nun: Seid ihr dabei?«
Die Mädchen sehen sich fragend an, zucken die Schultern und sagen: »Na gut. Warum nicht.«

»Ja, aber was hast du vor?«, fragt Danni.
»Überlasst das mal mir«, sagt Paul. »Ich regele das schon. Ihr kennt mich doch.«
»Ja, eben!«, ruft Nadine. »Oh Mann, wenn das mal gut geht!«

Später sitzen Paul und Sina draußen auf dem Mäuerchen vor dem Reiterhof und schlecken Eis. Sie warten auf Sinas Mutter.
Sina bemerkt, dass Paul sehr angestrengt einem gelben Schmetterling hinterhersieht. Das kann

nur eins bedeuten: Paul denkt nach. Da spricht sie ihn lieber nicht an.
»Ich hab's!«, ruft Paul plötzlich. »Komm mit!« Paul zieht Sina am T-Shirt-Ärmel quer über den Hof.
»He!«, schimpft Sina. »Wenn du weiter so am Ärmel ziehst, dann passt das T-Shirt nachher meinem Vater. Und was willst du im Büro von Herrn Fleißig?«
»Das wirst du gleich hören«, sagt Paul und grinst breit. Dann klopft er an die Tür zum Büro des Reitschulleiters.
Sina stopft sich schnell das letzte Stück Eis in den Mund. Als sie in das Büro treten und Herrn

Fleißig Guten Tag sagen, fährt es in ihrem Hals Fahrstuhl. Beinah hätte Sina sich verschluckt und kriegt nur ein heiseres Tröten über die Lippen.

»Nanu, Besuch?«, sagt der dünne Herr Fleißig und hebt die Hand zum Gruß. In seinem Büro riecht es wie immer nach Zigarrenqualm. »Was macht der Arm, Sina?«

»Schon besser«, antwortet Sina mit krächzender Stimme.

»Ich hätte da mal eine Frage«, sagt Paul. »Würden Sie es erlauben, wenn wir mit unserer Voltigiergruppe eine Nacht im Heu übernachten?«

Sina klappt die Kinnlade runter. Was hat der Paul sich denn da schon wieder ausgedacht?

»Im Heu?«, fragt Herr Fleißig. »War das Anitas Idee?«

»Nein . . . Also, die Anita, die weiß noch gar nichts davon«, gesteht Paul. »Das soll eine Überraschung sein.«

Herr Fleißig überlegt eine Weile und kaut dabei

auf seinem grauen Schnurrbart herum. Er macht ein ernstes Gesicht.
Bestimmt erlaubt er es nicht, denkt Sina.
»Dass ihr auf dem großen Heuboden übernachtet, das kann ich euch beim besten Willen nicht erlauben«, sagt Herr Fleißig schließlich. »Das ist zu gefährlich. Nachher fällt da noch einer runter.«
Hatte ich es mir doch gedacht, denkt Sina und sieht, wie Paul die Mundwinkel nach unten zieht.
»Ach bitte!«, bettelt Paul. »Das wäre so toll!«
Herr Fleißig lächelt. »Mal sehen. Ihr könntet in der Scheune übernachten, wo das Stroh gelagert ist.«
Paul springt in die Luft und ruft: »Yes!«
Herr Fleißig lacht. »Mal langsam. Das muss ich erst noch mit Anita abklären. Ohne Aufsicht geht das natürlich nicht.«
Paul presst die Lippen zusammen. Das hätte er sich ja denken können, dass Herr Fleißig ihnen eine Aufsicht verpasst.
Als sie wieder auf dem Hof sind, drückt Sina

Paul die Hand auf die Brust. »Willst du etwa, dass wir hier pennen und dann nachts auf Räuberjagd gehen?«, fragt sie.

»Psst!«, macht Paul und hält sich den Zeigefinger vor den Mund. »Klar. Die werden Bauklötze staunen, die gemeinen Pferdediebe!«

»Und was machen wir mit Anita?«, fragt Sina. »Die kriegt dann doch alles mit.«

»Das ist allerdings ein Problem«, antwortet Paul.

Am Lagerfeuer

Anita findet die Idee prima und schlägt vor, dass sie abends hinter der Scheune ein Lagerfeuer machen und Würstchen grillen.

»Ich bringe meine Gitarre mit, dann können wir Lieder singen«, verspricht sie.

»Au ja«, sagt Sina. »Und Gruselgeschichten erzählen.«

Anita legt Sina die Hand auf die Schulter. »Und das Schöne ist, dass du dann auch dabei sein kannst und uns nicht zugucken musst.«

Was wirklich hinter der Übernachtungsaktion steht, ahnt Anita natürlich nicht.

Den Nachmittag verbringen Paul und Sina mit telefonieren. Paul erklärt den Mädchen seinen Plan. Ein Termin ist schnell gefunden. Am

Freitagabend soll die Pferdediebe-Fangnacht starten.
Sanne will Würstchen mitbringen, Nadine macht einen Kartoffelsalat, Danni sorgt für Getränke, Yvonne besorgt Pappteller und Besteck und Sina bereitet Teig für Stockbrote zu.
»Ich befürchte, dabei muss mir meine Mutter helfen«, sagt Sina und tippt auf den Gipsarm.
»Das wird ein toller Abend!« Paul reibt sich die Hände. »Ich besorge dann noch alles, was wir so zum Diebefangen brauchen: Taschenlampen und Seile. Und meine alten Sprechfunkgeräte bring ich auch mit.«
Natürlich hat Paul den anderen eingeschärft, dass sie sich schwarze oder blaue Sachen anziehen sollen, damit man sie im Dunkeln nicht sieht.
»Und was machen wir mit Anita?«, fragt Sina.
»Die können wir ja schlecht fesseln und knebeln.«
Paul zuckt die Schultern und seufzt. »Wir müssen warten, bis sie eingeschlafen ist.«

Sina lacht. »Vielleicht haben wir dann mit unserem Sing-Sang-Song die Pferdediebe sowieso schon vertrieben.«

Am Freitagabend staunen die anderen Besucher des Reiterhofes nicht schlecht. Was machen denn all die Kinder hier mit Schlafsäcken?
»Die gucken uns an, als wären wir Marsmenschen«, kichert Danni.
Als sie ihr Schlaflager auf den Strohballen hergerichtet haben, tragen sie Holz für das Lagerfeuer zusammen. Im benachbarten Wäldchen finden sie genug davon.

Sie schleppen Strohballen herbei, auf denen sie sitzen können. Und Paul schneidet mit seinem Taschenmesser ein paar lange Haselruten. Da können sie das Stockbrot dranwickeln oder Würstchen damit aufspießen.
»Warum seid ihr eigentlich alle so dunkel gekleidet?«, fragt Anita. »Wollt ihr zu einer Beerdigung?«
Paul winkt ab und sagt: »Purer Zufall.«

Als es dunkel wird, verlassen nach und nach die letzten Gäste den Reiterhof. Dann schleichen die Kinder noch einmal durch den Stall, in dem es so wunderbar würzig nach Pferd riecht. Sie sagen den Pferden Gute Nacht. Fritzi, Elvis und Presley kriegen sogar einen Gutenachtkuss auf das weiche Maul. Die Tiere schnauben leise.
Später sitzen sie mit Anita um das prasselnde Feuer und halten ihre Stöcke mit dem Brot und den Würstchen über die Flammen. Das ist so richtig gemütlich. Erst recht, als am Himmel die Sterne nach und nach anfangen zu funkeln.
»Mh, das riecht aber lecker«, sagt plötzlich eine Stimme hinter ihnen.
Die Kinder zucken erschrocken zusammen. Paul blinzelt ins Dunkle, doch die Augen sind von den Flammen so geblendet, dass er gar nichts erkennen kann.
»Na, das habe ich mir gedacht«, sagt Anita und lacht. »Wenn es etwas zu essen gibt, ist Jörn nicht weit.«
Jörn ist es also!

»Ich wollte euch nur eine friedliche Nacht wünschen«, sagt Jörn und grinst.
Paul und Sina starren sich an. Eine friedliche Nacht? Was meint Jörn wohl damit? Ob er ahnt, warum sie hier sind?
»Es wird ja erzählt, dass hier der Geist vom alten Gutsherrn durch die Ställe schleicht«, sagt Jörn und beißt herzhaft in eine Wurst, die Anita ihm abgegeben hat.
»Ph!«, macht Yvonne. Aber Paul sieht ganz deutlich, dass sie sich ihre Jacke fester um die Schultern zieht. Als Jörn gegangen ist, mampfen alle vor sich hin. Die Würstchen und das Stockbrot schmecken köstlich.
»Ihhh!«, schreit plötzlich Sanne.
Wieder zucken sie zusammen. Aber Sanne hat sich nur mit Ketschup bekleckert.
Dann holt Anita ihre Gitarre hervor und die Kinder schmettern ein Lied nach dem anderen. *Sascha liebt nicht große Worte* singen sie und *Ein Mann, der sich Kolumbus nannt* und noch viele mehr.

Schließlich lauschen sie dem Knistern und Knacken und Zischen des Feuers. Ein Käuzchen ruft in der Ferne und irgendwo muht heiser eine Kuh. Und auch der Fasan meldet sich wieder mit seinem Keckern.

Da erzählt Paul die Geschichte von dem Fasan, der sich bei Vollmond in eine Blut saugende Fledermaus verwandelt und sich auf ahnungslose Menschen stürzt. »Seine liebsten Opfer sind Mädchen in Schlafsäcken«, behauptet Paul.

»Paul, du Spinner«, sagt Sina. »Von Werwölfen habe ich ja schon gehört, aber nicht von Werfasanen.«
Aber auch die anderen wissen gruselige Geschichten zu erzählen von fast unsichtbaren Gespenstern und Irrlichtern im Wald, von sonderbaren Klopfgeistern, die man nur hören, aber nicht sehen kann.
Sina spürt ein Kribbeln im Bauch. Sie fragt sich, ob das nur von den Gruselgeschichten kommt oder vom Gedanken an die Pferdediebe-Fangnacht, die noch vor ihnen liegt. Ob sie die Diebe wirklich fangen? Ob sie dann als Helden gefeiert werden, weil sie den Reiterhof vor einem gemeinen Diebstahl gerettet haben? Und Sina fragt sich, ob es den anderen wohl genauso geht wie ihr.

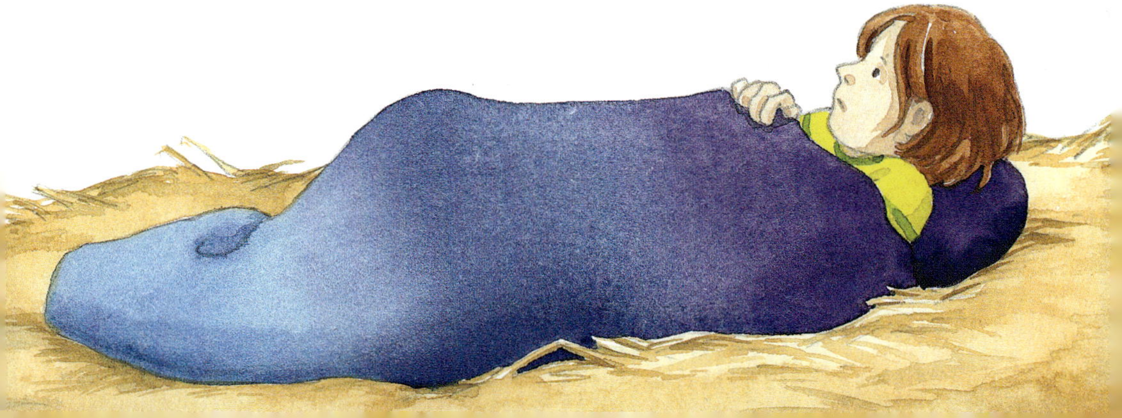

Auf frischer Tat ertappt!

Es ist gar nicht so leicht, sich wach zu halten. Immer wieder blinzeln Paul und Sina zu Anita hinüber und jedes Mal fühlen sich ihre Augenlider schwerer an. Paul sagt in Gedanken ein Gedicht auf. Ungefähr tausendmal wiederholt er es.

Sina denkt sich Rechenaufgaben aus, um sich wach zu halten. Sie lauscht auf die Geräusche der anderen. Als sie aus der Ecke, in der Sanne und Danni schlafen, leises Schnarchen hört, hält sie sich schnell die Ohren zu. Wie soll sie denn wach bleiben, wenn die anderen schon schnarchen!

Plötzlich tippt Paul sie an. »He, Sina«, flüstert er. »Ich glaube, es ist so weit. Horch mal.«

Sina spitzt die Ohren.

Ist das wirklich Anita, die da schnarcht?
Paul schlüpft aus seinem Schlafsack und schleicht auf Zehenspitzen zu Anita. Plötzlich bewegt sie sich.
Mist!, denkt Sina. Zu spät.
Aber Anita hat sich nur auf die andere Seite gedreht und schläft weiter.
Uff! Sina spürt, wie ihr ein Stein vom Herzen fällt.
Paul kommt zurückgeschlichen. »Alles klar«, flüstert er. »Jetzt müssen wir die anderen wecken.«
»Mich braucht ihr nicht zu wecken. Ich bin natürlich wach geblieben«, hören sie Yvonnes Piepsstimmchen.
Sanne, Nadine und Danni wach zu bekommen

und dabei Anita nicht aufzuwecken ist dagegen Schwerstarbeit. Die drei reden im Halbschlaf wirres Zeug und ziehen sich die Schlafsäcke über die Ohren. Erst als die anderen sie an den Füßen kitzeln und Paul ihnen im Flüsterton droht ihnen einen Socken vor die Nase zu halten, werden sie richtig wach.
Schnell huschen sie aus der Scheune. So leise, dass man sie für Mäuse hätte halten können. Draußen verteilt Paul die Taschenlampen und Seile.
»Okay«, flüstert er. »Wir gehen immer zu dritt

und legen uns auf die Lauer. Sobald einer was bemerkt, meldet er sich über das Funksprechgerät. Aber stellt die Dinger ganz leise, die knirschen und kracken sonst zu laut.«
»Wer geht wo hin?«, will Danni wissen.
Paul überlegt. »Sanne, Danni und Nadine, ihr bleibt hier auf dem Hof bei der Scheune. Und Sina, Yvonne und ich, wir verduften hinter den Stall.«
Sanne seufzt und nimmt das Sprechfunkgerät entgegen. »Also gut. Dann viel Glück, Leute.«
»Viel Glück!«, flüstern die anderen und alle verschwinden auf ihre Posten.
Sina findet es ziemlich unbequem in ihrem Versteck zwischen zwei Müllcontainern. Es dauert gar nicht lange, da sind ihr die Beine eingeschlafen. Der Gipsarm juckt noch schlimmer als sonst. Außerdem riecht es fies nach gammeligem Zeug.
»Ich hätte nie gedacht, dass Diebe fangen so langweilig ist«, stöhnt sie. Auch Yvonne weiß langsam nicht mehr, wie sie sitzen soll.

»Ist bei euch was los?«, spricht Paul leise in sein Sprechfunkgerät. Durch das Rauschen in dem kleinen Lautsprecher ist deutlich ein »Nix!« zu hören.
»Bestimmt kommen die Einbrecher heute Nacht gar nicht«, jammert Yvonne.
»Ja, vielleicht haben sie mitgekriegt, dass wir hier sind«, gibt Sina zu bedenken.
Aber Paul schüttelt heftig den Kopf. »Seid doch nicht so ungeduldig.«
Aber wie lange sie auch warten, es passiert nichts. Nur das Käutzchen schickt weiter seine Rufe durch die Nacht. Auch der Fasan kann offenbar nicht schlafen und keckert und keckert, dass man verrückt werden könnte.
Plötzlich knackt das Funksprechgerät.

Ein Rauschen und Knistern ist zu hören.
»Was?«, zischt Paul in die Sprechmuschel.
»Ich versteh nichts.«
Die Kinder rücken näher zusammen. »Was sagen sie?«, fragt Yvonne.
Im Schein der Taschenlampe sieht Sina Pauls verquältes Gesicht. »Ich hab *Trommelelche* verstanden«, sagt er.
»Trommelelche?«, fragt Yvonne. »Was soll das denn sein?«

»Was redest du da für einen Quatsch, Sanne!«, faucht Paul in das Mikrofon.
Sina und Yvonne sind mucksmäuschenstill. Paul hält sich das andere Ohr zu und horcht und auf einmal verändert sich sein Gesichtsausdruck.
»›Da kommen welche‹, hat sie gesagt, ›nicht Trommelelche!‹«, sagt er.
Aber Sanne gibt ihm noch mehr Informationen durch. »Es sind nicht mehrere, sondern nur einer, und er kommt direkt hierher!«, erklärt er aufgeregt.
Sina spürt eine Gänsehaut auf ihrem Rücken. Jetzt wird's ernst.
Yvonne packt sie am Arm und schüttelt sie leicht. »Da!«
Es ist zwar fast stockdunkel, aber dennoch sehen die drei deutlich, wie eine Gestalt um die Ecke biegt. Keine Frage, das ist ein erwachsener Mann, und er geht zielstrebig auf die hintere Stalltür zu, an der sie die Spuren gefunden hatten. Jetzt rüttelt er an der Tür!
Paul drückt Yvonne das eine Ende des Stricks in

die Hand und gibt ihr ein Zeichen. Yvonnes Hände zittern heftig. Ihre Knie fühlen sich an wie Wackelpudding. Am liebsten hätte sie sich jetzt in ein Mäuschen verwandelt.
Jetzt dreht der Mann sich um und will an den Müllcontainern vorbeigehen. Aber natürlich hat er nicht mit den Pferdediebe-Fängern gerechnet! Wie ein Frosch kommt Paul aus seinem Versteck auf die andere Seite gesprungen. Paul und Yvonne spannen das Seil vor dem gemeinen Dieb. Schwupp, einmal von einer

Seite auf die andere gerannt, und schon ist der Dieb gefangen!

Aus dem Augenwinkel sieht Sina noch, wie die anderen mit ihren Taschenlampen um die Ecke gerannt kommen. Wir haben es geschafft!, denkt sie.

Doch plötzlich fängt der Pferdedieb furchtbar an zu lachen.

»Was gibt's da zu lachen?«, sagt Paul mit extratiefer Stimme. »Wir haben dich erwischt, Freundchen!«

Sina leuchtet dem Pferdedieb mit ihrer Taschenlampe direkt ins Gesicht und sagt: »Oh!«
Yvonne lässt das Seil fallen, als sei es plötzlich ganz heiß.
»Ach du liebes Lottchen!«, ruft Paul verdutzt.
Auf einmal steht Anita da und stemmt sich die Fäuste in die Seiten. »Kinder, was macht ihr denn da mit Herrn Fleißig?«, fragt sie und muss furchtbar lachen.
Auf den Schreck muss Herr Fleißig erst mal ein

Würstchen essen. Anita facht das Lagerfeuer wieder an und legt noch ein paar Holzscheite nach. Nun sitzen sie wieder um das Feuer herum, Anita, die sechs Kinder und Herr Fleißig, und müssen immer noch kichern.
Herr Fleißig fragt: »Warum habt ihr denn geglaubt, ich sei ein Pferdedieb?«
»Na, es hat doch neulich jemand versucht in den Stall einzubrechen«, erklärt Nadine.
»Wirklich?«, fragt Herr Fleißig.
»Ja«, ruft Paul. »An der hinteren Stalltür. Mit einem Stemmeisen oder so. Man kann die Spuren ganz deutlich sehen.«
»Ach, ihr meint die große Macke an der Tür?«
Jetzt klatscht sich Herr Fleißig auf die Schenkel. Sein Lachen klingt wie ein kaputter Lautsprecher. »Dann müsst ihr den Jörn festnehmen. Der hat die Macke mit dem Frontlader da reingefahren, als er Stroh zum Stall gebracht hat. Deshalb hab ich auch kontrolliert, ob die Tür richtig zu ist. Das Schloss ist nämlich auch verbogen.«

»Herr Fleißig macht übrigens öfter nachts seine Kontrollgänge, wusstet ihr das nicht?«, sagt Anita.
Paul ist die Sache schrecklich peinlich. Er nimmt sich noch ein Würstchen und spießt es auf seinen Haselstab. Jetzt hat er sich wirklich lächerlich gemacht. Ph!, denkt er. Die Helden vom Reiterhof. Tolle Helden sind wir.
Da spürt er plöztlich, wie Herr Fleißig ihm den Arm um die Schulter legt. »Es ist auf jeden Fall eine gutes Gefühl, zu wissen, was für aufmerksame Voltigierer wir an unserer Reitschule haben. Und wie ihr die ganze Aktion geplant habt, ich muss schon sagen, das ist große Klasse.«
»Der Paul hat alles organisiert«, rufen Sanne und Nadine. Das ist dem Paul nun erst recht peinlich.
»Ich weiß auf jeden Fall jetzt, wie das Gespenst heißt, von dem Jörn uns erzählt hat«, sagt Sina. »Es heißt Herr Fleißig!«